D. Zica

Tempero, Amor e Arte

Vó, obrigada por ter me deixado
fazer parte da sua história.

Nilcemar

Agradecimentos

Alessandra Feitosa
Álvaro Caetano
Ana Cunha
Elizabeth Robertson Schmitz
Glauco Andrade
Glória Regina Nogueira
Heloisa Alves
Hermínio Bello de Carvalho
João Carlos Martins
José Pinto Monteiro
Lan
Lena Frias
Lygia Santos
Pedro Paulo Nogueira
Sérgio Cabral
Ziraldo

Índice

Receitas do Zicartola

Receitas Caseiras

Receitas de Doces

Tempero, amor e arte

Não se pode falar de Tia Zica sem falar em Cartola. E vice-versa. Um tratou de alimentar o corpo, o outro alimentou o espírito com as suas canções.

Como muito bem resumiu a Nilcemar Nogueira, esta obra é a reunião de tempero, amor e arte de uma das guerreiras da bela Estação Primeira da Mangueira. Mangueira, teu cenário é uma beleza... Que me perdoem Enéas e Aluísio[(1)] pela licença poética que vou cometer, mas tenho que acrescentar:... e um manancial de talentos de todas as artes e de todas as raças. Não há como passar por isso tudo sem se deixar envolver pela beleza e arte da Mangueira.

A comunidade mangueirense chamou a atenção da Xerox do Brasil, afiliada da empresa americana, que, orgulhosa, vestiu a camisa verde e rosa e criou a Vila Olímpica, complexo esportivo que abriga o maior programa social da América do Sul. São mais de duas mil pessoas com acesso à educação, saúde, cultura, esporte e lazer por dia. E foi além: fundou também o Camp Mangueira, destinado à capacitação de adolescentes para o mercado de trabalho. Ambos ancestrais de uma cepa de outras iniciativas de tão importante teor, hoje também abraçadas por outras empresas.

Quem freqüentou o Zicartola ou desfrutou da mesa da Tia Zica conhece essa parte da beleza, a culinária, a que ela nos remete, aqui, dentro destas páginas. Na verdade, Tia Zica nunca teve a pretensão de se tornar uma *chef de cuisine*. E nem precisava, porque os seus quitutes tornariam tão forte a sua marca quanto o samba lá no morro, que ia até a alvorada. Felizmente, ela concordou em revelar os segredos da sua cozinha e permitir que o leitor mergulhe na história da Mangueira e dos seus bem vividos 90 anos.

Agora, não só Cartola, mas também Tia Zica tem a arte imortalizada neste livro. A partir de agora, esse casamento perfeito, de alimento de corpo e de espírito, capaz de inebriar os nossos cinco sentidos, não tem mais segredos.

José Pinto Monteiro
Xerox do Brasil

---

(1) *Enéas Brites da Silva e Aluísio Augusto da Silva são autores do samba Exaltação à Mangueira, considerado o hino da Estação Primeira de Mangueira, escola de samba carioca.*

Uma poção mágica

Do meu avô, Cartola, herdei o prazer da palavra. As suas letras, que eu já li e leio infinitas vezes, sempre me trazem um dado novo, uma nova e encantadora forma de expressar a beleza, a tristeza, o amor...

Fico pensando se um grande poeta escolhe a companheira ou se um anjo simplesmente cai do céu para protegê-lo, alimentá-lo e guardá-lo. Minha avó é esse anjo. Dentre as suas inúmeras qualidades estão o caráter, o espírito agregador, o bom humor, o otimismo e, sem sombra de dúvida, o gosto pela cozinha. Lembro-me dela cozinhando, do aroma que emanava das suas panelas, quando fui morar com ela, aos 14 anos – era uma poção mágica, feita com todo o apuro e amor, que, não por menos, me hipnotizava.

Achei que era uma questão de justiça reunir a sua arte nesta obra. O que vou permitir que você compartilhe comigo agora é um verdadeiro banquete, página após página.

Bom apetite!

Nilcemar Nogueira

Formada em Letras e Nutrição, pós-graduada em Gestão na Qualidade, Diretora Cultural do G.R.E.S. Estação Primeira de Mangueira, Vice-Presidente do Centro Cultural Cartola e Diretora Técnico Operacional do Museu da Imagem e do Som.

D. Zica: uma lição de amor à vida

Sérgio Cabral*

A música popular brasileira e, em particular, o samba carioca devem muito a 1913, o ano em que nasceram, entre outros, Jamelão, Ciro Monteiro, Dona Zica e Vinicius de Moraes. Jamelão e Ciro Monteiro contribuem com o seu maravilhoso cantar, cada um no seu estilo, e Vinicius de Moraes até canta, mas o que importa mesmo é a sua obra de compositor e poeta.

E Dona Zica? Dona Zica também até canta, mas o que importa é que, seja ontem, hoje ou amanhã, Dona Zica vive. Aliás, para o leitor sem paciência para ler todas estas linhas, ofereço um resumo do que virá a seguir: Dona Zica é uma fantástica lição de amor à vida. Mesmo quando a vida a submeteu a provas difíceis, sua resposta quase sempre foi o humor. E sempre o amor. Em outras palavras, ela seguiu as recomendações do poeta, não passando pela vida, mas vivendo.

Nascida no dia 6 de fevereiro de 1913, seu nome verdadeiro é Euzébia, mas a madrinha, conhecida pelo apelido de Cabocla, achou muito feio e passou a chamá-la de Zica. E olha que o nome fora uma homenagem ao pai, o ferroviário Euzébio da Silva, que morreu quando Dona Zica tinha apenas um ano de idade, deixando os cinco filhos para serem criados pela esposa, Gertrudes Efigênia dos Santos, uma brava mulher que fez o que pôde com o dinheiro ganho na sua atividade de lavadeira. Dona Zica nasceu no bairro de Piedade. Aos quatro anos, passou a viver na Mangueira, precisamente no Buraco Quente.

Seu primeiro emprego, ainda menina, foi o de empregada doméstica em Copacabana, numa casa cuja proprietária pagava-lhe cinco mil réis por mês e raramente deixava passar um dia sem espancá-la. Permaneceu no emprego dos sete

* Jornalista, pesquisador, escritor e crítico de Música Popular Brasileira.

aos 12 anos de idade. Pouco depois, a família mudou-se para o Engenho Novo, onde Dona Zica namorou muito, chegou a ficar noiva e acabou casando com Carlos Dias do Nascimento, craque de um clube de futebol do bairro chamado Firmeza. Ela era Euzébia Silva e passou a chamar-se Euzébia Silva do Nascimento. O casal mudou-se para a Abolição. Carlos foi um bom marido, com a vantagem de acompanhá-la nos fins de semana para participar dos ensaios da Escola de Samba Estação Primeira, pois, apesar de morar na Abolição, Dona Zica manteve-se ligada à Mangueira, até porque, para melhorar o orçamento da casa, passou a trabalhar como tecelã numa fábrica instalada no bairro. Ela teve cinco filhos, mas três deles – Reginaldo, Reinaldo e Ruth – morreram ainda crianças. Ficaram Glória Regina e Vilma. Quando já era viúva de Carlos, adotou o menino Ronaldo, de quem cuidou desde os primeiros dias de vida.

Trocou a fábrica de tecidos pela cozinha da Embaixada do Sossego, uma das chamadas grandes sociedades do carnaval carioca e que, além dos desfiles carnavalescos com os seus gigantescos carros alegóricos, promovia intensa vida social, como era comum entre as grandes sociedades. Inicialmente, trabalhou como lavadora de pratos; depois, passou a ajudante de cozinha. Mais tarde, era cozinheira do Clube Bola Preta. E voltou a morar na Mangueira.

D. Zica

E surgiu Cartola, que já conhecia há muitos anos, desde o tempo em que ele era casado com Deolinda. Mas Deolinda morreu, Cartola sumiu do morro, deu para beber muito, complicou-se em casos amorosos e, quando reapareceu, tentava recuperar a saúde depois de consumir álcool em demasia e de ter enfrentado uma meningite. Bastaram alguns encontros para que Cartola e Dona Zica ficassem apaixonados um pelo outro. Foi um amor que gerou uma nova vida, operando uma espécie de renascimento de ambos. Era 1953 quando resolveram morar juntos. A pobreza era grande, mas bem maior eram o amor e a esperança de uma nova vida. Cartola arranjou um emprego de lavador de carro numa garagem de Ipanema.

Um dia, o jornalista Sérgio Porto reencontrou Cartola nas proximidades da garagem em que trabalhava e o levou para apresentar-se em seu programa na Rádio Mayrink Veiga. Depois, outro jornalista, Jota Efegê (João Ferreira Gomes), arranjou-lhe um emprego de contínuo no *Diário Carioca*, um jornal de grande importância na história da imprensa, mas que tinha o péssimo hábito de não pagar aos seus empregados. A ocupação seguinte foi a de cobrador do Sindicato dos Jornalistas. Em seguida, coube ao médico Guilherme Romano a obtenção de um emprego público para Cartola. E o então diretor do Departamento de Turismo da Prefeitura carioca, Mário Saladini, designou o casal para exercer a função

D. Zica (1952)

de zeladores de um velho prédio na Rua dos Andradas, que serviria também de sede da Associação das Escolas de Sambas e que já estava condenado pela própria Prefeitura para ser demolido.

Naquela casa, conheci o talento de Dona Zica como cozinheira. Aparecia sempre lá para ouvir os sambas de Cartola e saborear o feijão, a carne-assada, a carne-seca com abóbora e tantos outros pratos que ela fazia com engenho e arte.

A turma era quase sempre a mesma: Lúcio Rangel, Sérgio Porto, Lan, Jota Efegê, o pintor Raimundo Nogueira e alguns outros. Havia um padre, que era bom de cerveja, mas esqueci o seu nome. Essa era a turma do almoço. À noite, chegava o pessoal do samba: Zé Kéti, sempre. Élton Medeiros também. De vez em quando, Nélson Cavaquinho. Outra figura sempre presente era o Nuno Linhares Veloso, cabeça de intelectual e coração de sambista, integrante da primeira formação do conjunto A Voz do Morro, que nasceu naquela casa. E surgiam jovens inconformados com o desprezo das gravadoras pela obra de Cartola, como

D. Zica na cozinha do Zicartola (1964)

um certo Paulo Brandão (por sinal, grande conhecedor de *jazz*), que aplicou todas as suas economias na criação de uma gravadora, chamada Vila, e lançou compactos simples de Cartola e Zé Kéti, entre outros. Apareceu também um grupo de jovens empresários, liderados por Eugênio Agostini, que, ao concluir que, depois de uma certa hora da noite, era impossível comprar cerveja gelada nas redondezas, propôs a abertura de uma pensão no Centro da cidade para que Dona Zica reforçasse o orçamento com a sua arte de cozinheira e para que ninguém fosse embora por falta de cerveja gelada. Para Dona Zica, uma bela idéia, pois, morando no Centro, dispunha de uma freguesia cada vez maior para a sua comida. Onze e meia, meio-dia, lá ia ela para a Praça Mauá, carregada de marmitas, levando o almoço dos motoristas de ônibus e lotação que faziam ponto na Praça Mauá.

Zicartola

Discutiu-se tanto sobre o formato da tal pensão, que ela acabou evoluindo para o Zicartola, a primeira casa de samba do Brasil. O nome era apetitoso (se não me engano, criado pelo próprio Eugênio Agostini) e as atrações, começando pela comida da Dona Zica e os sambas de Cartola, também. A casa abria para o almoço, hora em que era ocupada por freqüentadores engravatados, que saboreavam o xinxim de galinha, o vatapá (sim, Dona Zica é craque em matéria de comida baiana), além de uma boa variedade de pratos de sabor caseiro. À noite, chegava uma clientela jovem, constituída em grande parte de jornalistas e de estudantes ligados ao Centro Popular de Cultura da UNE, que vibrava com os sambistas da casa. Zé Kéti assumiu o posto de diretor artístico e, ao lado de Nélson Cavaquinho, de Ismael Silva e do próprio Cartola, fazia parte do grupo permanente da casa. Quem também lá estava todas as noites era o jovem violonista Paulo César, acompanhante oficial dos cantores e que, segundo Zé Kéti, deveria mudar de nome porque Paulo César não é nome de sambista. Dei-lhe o nome de Paulinho da Viola, numa homenagem a outro sambista que, de vez em quando, aparecia por lá, Mano Décio da Viola, do Império Serrano. Foi Cartola o responsável pelo pagamento do primeiro cachê de Paulinho da Viola. Inventamos, às quartas-feiras, a noite da homenagem, um artifício para levar ao Zicartola os mais famosos nomes da música popular brasileira, de Antônio Carlos Jobim a Haroldo Lobo, passando por Elisete Cardoso, Nara Leão, Dorival Caymmi, Araci de Almeida e muitos e muitos outros. Os homenageados ganhavam um diploma da Ordem da Cartola Dourada, uma criação de Hermínio Belo de Carvalho, padrinho (com Jota Efegê) de casamento de Dona Zica e Cartola, pois ambos resolveram casar-se na igreja na fase áurea do Zicartola. Foram dias e noites maravilhosos, inesquecíveis. O Zicartola não durou muito, já que a administração de uma casa desse gênero é algo muito complexo, um privilégio dos profissionais do comércio. Dona Zica e Cartola repetiram a experiência vivida por outros artistas, como Pixinguinha e Lupicínio Rodrigues, que também tentaram ser comerciantes, mas o fato é que o talento deles era para outras coisas.

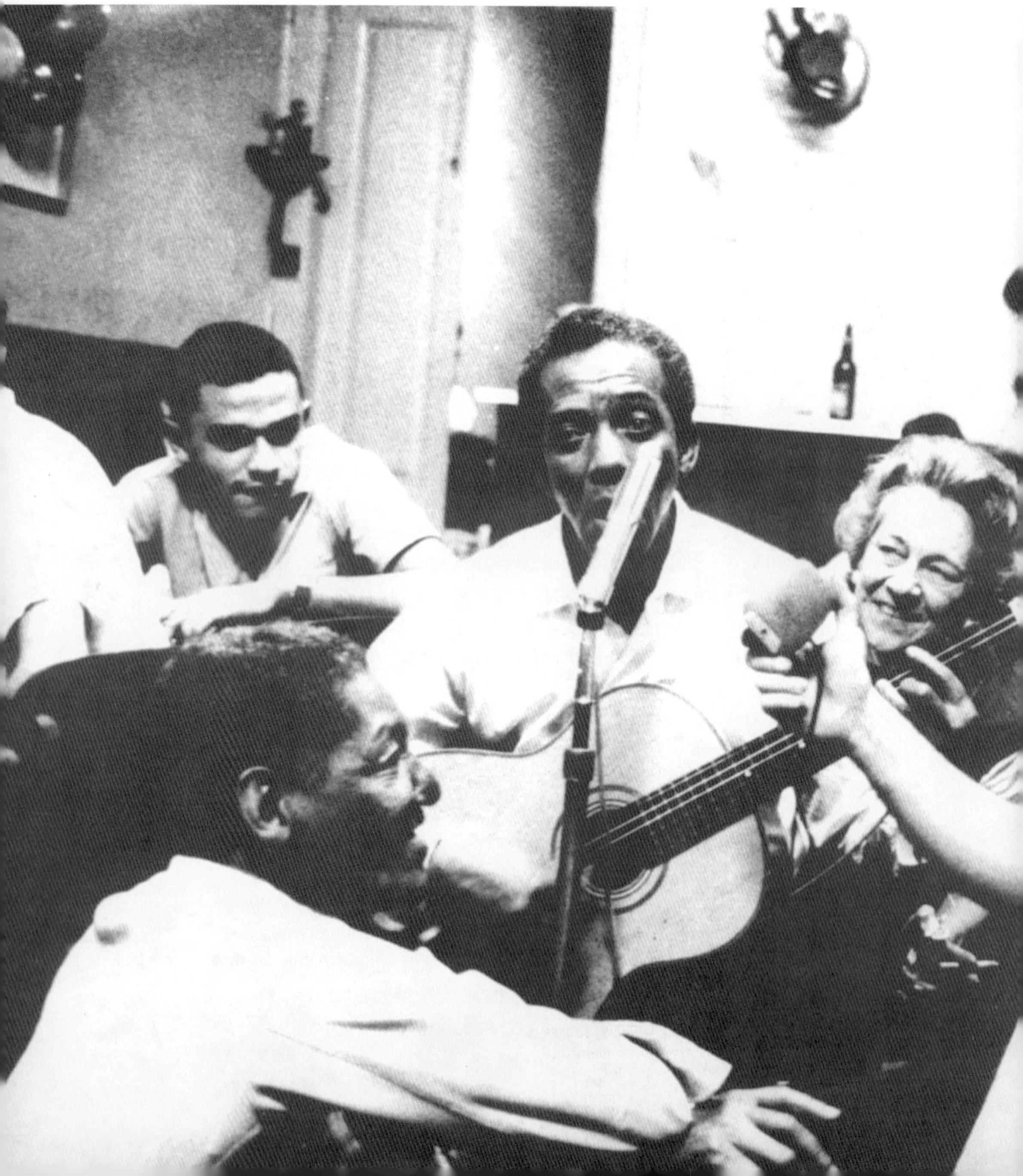

Cartola, Ismael Silva ao violão,
Odete Amaral e Sérgio Cabral.

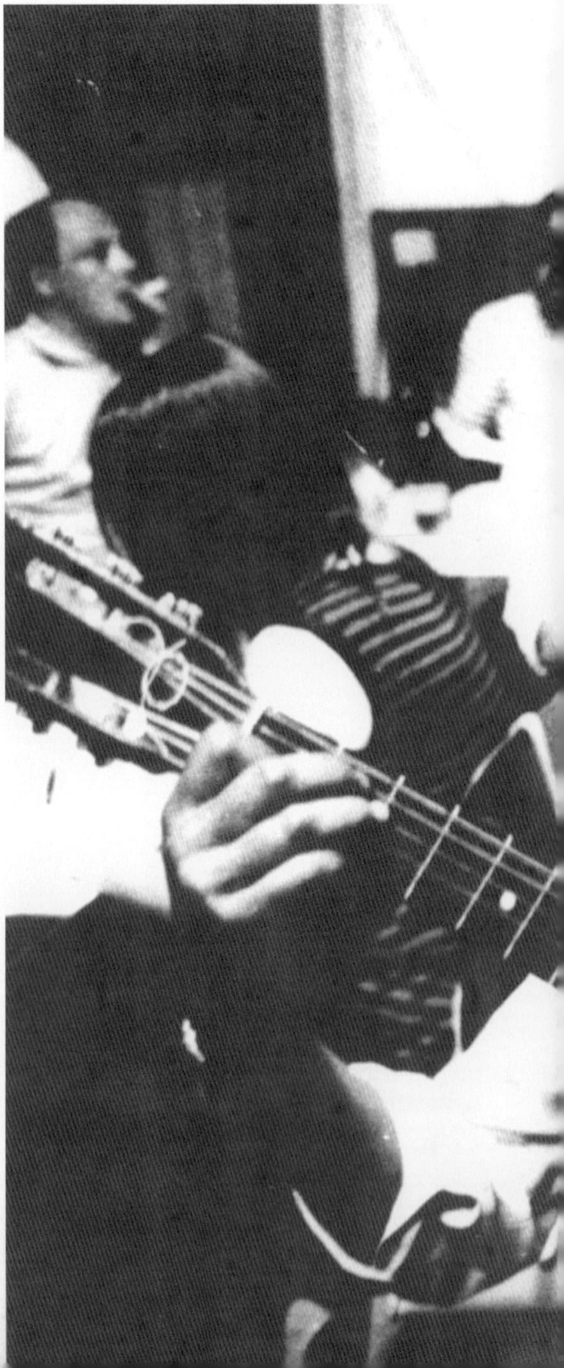

D. Zica, Elton Medeiros e Cartola ao violão.

Mulher de Cartola, Dona Zica projetou-se como uma das grandes figuras femininas da Mangueira. Enquanto o marido vivia, foi uma companheira preciosa, dedicando-lhe amor e empenhando-se para que ele, alma de poeta e com um estilo muito pessoal de boêmio, tivesse, finalmente, o conforto que a atividade de compositor começava a proporcionar. A casa estava sempre aberta para os amigos. Lembro-me de um dia em que fui entrevistar Cartola e Dona Zica para um filme do Canal 100 e ela contemplou a equipe com cerveja gelada e nacos saborosíssimos de carne assada. Terminada a entrevista fomos para o belo apartamento do elegante *playboy* Jorginho Guinle, na Praia do Flamengo, onde, nas duas horas em que lá permanecemos, nem um copo d'água nos foi oferecido. Comentário de um integrante da equipe: "Dona Zica deu de 10 a 0 em matéria de elegância".

Casamento de D. Zica e Cartola (24/10/1964)

Cartola e D. Zica na sala da casa de Jacarepaguá

Cartola e Dona Zica chegaram a comprar uma casa em Jacarepaguá quando a vida começou a melhorar (jamais me esquecerei da cara de felicidade de Cartola, num dia em que fui visitá-lo em Jacarepaguá, e ele me levou até a área da casa para mostrar o Fiat que havia comprado. A bela Nilcemar, neta de Zica, que já era uma espécie de secretária do casal, passou a atuar também como motorista). Mas não demorou muito tempo para o casal concluir que era impossível viver longe da Mangueira. Dona Zica, principalmente, precisava conviver com aquela vizinhança de amigos e amigas e acompanhar de perto tudo o que ocorria na escola de samba. E não há dúvida que a escola de samba precisava dela, do seu dinamismo, da sua liderança, do seu carinho e do seu amor, não só para resolver problemas internos, como para representá-la em atividades externas. Além disso, qualquer jornalista carioca sempre soube que, para obter uma opinião de peso da Mangueira, teria de recorrer à Dona Zica ou à Dona Neuma. Nos últimos anos de vida, Cartola não se metia muito nos problemas da escola de samba. Sabia que o casal estava muito bem representado e sempre apoiava a mulher, confirmando a velha lição de que, atrás de um grande homem, há sempre uma grande mulher.

Cartola morreu e Dona Zica continuou zelando pela família, pela Mangueira e pela memória do grande compositor. É verdade que, com a saúde abalada, teve de enfrentar algumas dificuldades, chegando a desfilar pela escola de samba acompanhada de um médico. Mas, consciente do seu papel, não entregou os pontos. Afinal, o que poderia fazer com tanto amor pela vida?

D. Zica na passarela.

D. Zica na quadra da Mangueira

D. Zica desfilando com a Mangueira do Amanhã

Receitas do

"Não há uma cozinheira melhor do que outra. A diferença está naquelas que têm prazer de cozinhar.

Antes do preparo de qualquer prato, lave as mãos, deixe que a água escorra sobre elas para serem purificadas. Se acreditar, peça a Deus e a Oxum que as abençoem para que a comida que você vai preparar supra o corpo com energia, assim como o espírito das pessoas que irão consumi-la.

Lembre-se de agradecer à natureza por ter fornecido todos os ingredientes. Mas não se esqueça de que, para preparar uma receita, o primeiro ingrediente é o amor, pois sem ele todos os outros temperos se tornam meros condimentos sem razão de ser."

Dona Zica

Zicartola

Capa do cardápio do Zicartola

Angu à baiana

Rendimento: 20 porções

Ingredientes:

1kg de bofe

800g de coração de boi

1kg de peito de boi

2kg de rabada

4 limões

5 dentes de alho

2 pimentões

4 folhas de louro

azeite de dendê a gosto

500g de fubá

2 cebolas

4 colheres de sopa de salsa

2 colheres de chá de pimenta-do-reino

Modo de fazer:

- Lavar e esfregar limão nos miúdos e escaldar com pedaços de limão e louro na água, por 5 minutos.
- Escorrer.
- Temperar todas as carnes com alho, pimenta em pó, sal e louro.
- Cozinhar o bofe, o coração e o peito.
- Depois de cozidos, cortar em cubos e reservar (reservar também parte da água do cozimento).
- Aquecer o óleo, colocar a rabada, refogar e levar ao cozimento, adicionando água aos poucos.
- Em outra panela, dourar a cebola, acrescentar os outros temperos, refogar e juntar os miúdos, com um pouco da água do cozimento que estava reservada.
- Quando o molho estiver bem apurado, juntar a rabada cozida.
- Adicionar o dendê.

Preparo do Angu:

- Refogar alho em 2 colheres de sopa de óleo.
- Adicionar água fria (2 litros) e sal.
- Levar ao fogo e ir adicionando o fubá, sem parar de mexer, até cozinhar.

Obs: Ao servir, colocar o angu na travessa e dispor sobre ele as carnes.

Dica

"Se o cheiro de alho e cebola não sair da faca, depois de lavar com água e sabão, passe por ela uma batata ou cenoura crua, como se fosse cortá-la, diversas vezes."

O Zicartola foi o mais importante reduto de resistência política e cultural no início dos anos 60, não só para o Rio de Janeiro, como para o Brasil em geral.

Zica foi uma das figuras mais atuantes para a concretização dos nossos sonhos, bem como na orientação da típica culinária que ali era servida.

Elton Medeiros
Compositor e parceiro de Cartola

Arroz com leite de coco

Rendimento: 20 porções

Ingredientes:

1kg e 250g de arroz

1 garrafa de 500ml de leite de coco

5 colheres de sopa de óleo

sal a gosto

Modo de Fazer:

- Lavar o arroz.
- Aquecer o óleo, juntar o arroz e refogar.
- Acrescentar sal e água para cozimento.
- Quando o arroz estiver macio e quase seco, despejar o leite de coco e terminar o cozimento.
- Servir quente.

Dica

"Sempre que uma receita falar de leite em ponto de fervura, significa que é no ponto em que aparecem umas pequenas bolhas na beirada da panela."

Arroz com lingüiça

Rendimento: 20 porções

Ingredientes:

1kg e 250g de arroz

1 tablete de caldo de galinha

400g de lingüiça calabresa

2 cebolas pequenas

5 colheres de sopa de óleo

4 tomates médios

sal a gosto

pimenta-do-reino em pó a gosto

4 colheres de sopa de coentro

Modo de fazer:

- Limpar e cortar em cubos a cebola e o tomate.
- Cortar a lingüiça em rodelas e escaldar levemente.
- Lavar o arroz e escorrer.
- Aquecer o óleo e dourar a cebola.
- Acrescentar os tomates e a lingüiça e refogar.
- Juntar o arroz e adicionar o caldo de galinha, a água para o cozimento e o sal.
- Quando estiver pronto, polvilhar com o coentro picado.

Dica

"Para o sal ficar sempre fresquinho e seco, coloque uma bolacha salgada no fundo do saleiro."

Arroz de carreteiro

Rendimento: 20 porções

Ingredientes:

60g de toucinho defumado

2kg de carne-seca

1kg de paio

1 ½ kg de arroz

100g de azeitonas pretas

2 cebolas médias

6 tomates

5 dentes de alho

1 pimentão

6 colheres de sopa de salsa

3 colheres de sopa de cebolinha

cominho a gosto

pimenta-do-reino em pó a gosto

100g de ervilha em conserva

4 folhas de louro

8 colheres de sopa de óleo

Modo de fazer:

- Deixar a carne-seca de molho, de véspera.
- No dia seguinte, escaldar, no mínimo três vezes, e cortar em cubos.
- Escaldar o toucinho até retirar todo o sal e cortar em cubos.
- Cortar o paio em rodelas e escaldar.
- Cortar a cebola, o tomate e o pimentão em cubinhos pequenos.
- Socar o alho.
- Deixar a salsa e a cebolinha batidinhas.
- Lavar o arroz e escorrer.
- Fritar o toucinho e reservar.
- Na gordura do toucinho, fritar a carne-seca e, em seguida, juntar o tomate e o pimentão.
- Refogar bem e acrescentar um pouco de água para cozimento.
- Dourar o alho e a cebola, colocar o arroz e refogar.

- Juntar ao arroz refogado a carne-seca, o paio e água quente para cozimento.
- Quando o arroz estiver quase pronto, colocar as azeitonas.
- Quando pronto, o arroz deverá ficar um pouco úmido.
- No momento de servir, misturar a salsa, a cebolinha e o toucinho que estava reservado.
- Enfeitar com ervilha em conserva, levemente aquecida.

Dica

"Quando descascar cebolas, para não chorar, mergulhe-as por alguns minutos em água bem quente."

Bobó de camarão

Rendimento: 8 porções

Ingredientes:

2kg de camarões médios com casca

2 colheres de sopa de suco de limão

6 dentes de alho socados

2 cebolas

1 maço de coentro

1 ½ kg de aipim sem casca e cortado em pedaços

1 colher de chá de pimenta-do-reino em pó

1 garrafa de 500ml de leite de coco

3 colheres de sopa de azeite de dendê a gosto

2 colheres de sopa de salsa

5 tomates médios

Modo de fazer:

- Lavar os camarões em água corrente e retirar as cascas e cabeças.
- Colocar numa panela com cerca de 3 litros de água as cascas e cabeças de camarão, juntamente com a cebola cortada em rodelas, o maço do coentro e o louro e ferver por uma a duas horas.
- Escorrer o caldo em uma peneira e reservar.
- Limpar os camarões, retirando as tripas e temperar com o limão, o alho, um pouco de coentro picado, o sal e a pimenta em pó e reservar.
- Colocar o caldo coado numa panela, juntar o aipim e levar ao fogo para cozinhar até ficar macio (não despreze a água do cozimento do aipim).
- Deixar esfriar um pouco, passar o aipim no espremedor ou no liquidificador, usando o caldo do cozimento.

- Fazer um purê do aipim, juntando o leite de coco, o azeite de dendê e adicionando um pouco do caldo do cozimento, mexendo sempre até a mistura ficar encorpada.
- Aquecer o azeite de oliva e colocar o camarão, o tomate e a salsa.
- Refogar.
- Juntar os camarões ao purê e cozinhar até levantar fervura.
- Por último, acrescentar o azeite de dendê.

Dica

"Para tirar o cheiro de peixe ou de camarão das mãos e dos utensílios, basta esfregar o bagaço do limão que usou para temperar."

Carne-seca com abóbora

Rendimento: 6 porções

Ingredientes:

1kg de carne-seca

2 colheres de sopa de óleo

1 cebola

6 dentes de alho

1 pimentão verde pequeno

4 tomates

1kg de abóbora

2 colheres de sopa de cebolinha

2 colheres de sopa de salsa

pimenta-do-reino em pó a gosto

Modo de fazer:

- De véspera, limpar a carne-seca, eliminando as gorduras, cortar em cubos e deixar de molho, trocando a água no mínimo três vezes ou até eliminar o sal.
- Escaldar a carne-seca até ficar macia, escorrer e reservar.
- Limpar e socar o alho.
- Limpar e picar a salsa e a cebolinha.
- Limpar e cortar em cubinhos pequenos o pimentão, os tomates (sem pele e sem sementes) e a cebola.
- Limpar e cortar a abóbora em cubos de 3cm.
- Aquecer o óleo e dourar o alho e a cebola levemente.
- Acrescentar o pimentão, o tomate, a pimenta-do-reino e a carne-seca.
- Refogar e acrescentar água quente aos poucos, até a carne ficar macia e um molho se formar na panela.
- Juntar a abóbora, a salsa e a cebolinha.
- Mexer e continuar o cozimento, até a abóbora ficar macia, sem se desmanchar.

Minha primeira apresentação como músico e cantor foi no Zicartola, onde, entre tantas coisas, descobri a maior lição que Cartola nos deixou, além de sua arte excepcional: "O conhecimento com humildade".

Paulinho da Viola
Cantor e compositor

Costela de boi com aipim

Rendimento: 10 porções

Ingredientes:

3kg de costela de boi, cortada em pedaços

6 dentes de alho socados

3 cebolas grandes

sal a gosto

2 colheres de sopa de suco de limão

2 folhas de louro picado

4 colheres de sopa de óleo

2 litros de água quente

1kg de aipim

pimenta-do-reino em pó a gosto

1 pimentão

4 tomates

Modo de fazer:

- Lavar a costela com água e limão.
- Temperar com o alho, a pimenta-do-reino, o louro, sal e deixar apurar por pelo menos 3 horas. Melhor temperar de véspera.
- Limpar e cortar os temperos em cubos bem pequenos.
- Limpar o aipim e cortar em pedaços.
- Aquecer o óleo, juntar a costela e fritar, virando sempre, até ficar dourada.
- Juntar os temperos cortados e refogar.
- Colocar um pouco de água quente para cozimento.
- Mexer de vez em quando, adicionando água, até a costela ficar macia.
- Juntar o aipim e, se necessário, acrescentar mais um pouco de água quente.
- Cozinhar até ficar macio.

Servir com arroz branco.

Couve à mineira

Rendimento: 10 porções

Ingredientes:

1kg de couve manteiga

3 colheres de sopa de óleo ou
30g de toucinho defumado

4 dentes de alho socados

sal a gosto

Modo de fazer:

- Limpar a couve, retirando o talo do centro.
- Empilhar e enrolar as folhas, cortando em tiras bem fininhas.
- Aquecer o óleo e dourar o alho. Se usar o toucinho, cortá-lo em cubinhos, fritar e dourar o alho.
- Juntar a couve, mexendo sempre até ficar toda por igual.
- Colocar sal a gosto.
- Retirar do fogo e colocar numa travessa.

Dica

"Suas mãos estão cheirando a alho? Esfregue um pouco de tomate ou, com as mãos úmidas, açúcar."

Dicas de temperos

Sálvia: seca ou em pó, dá um gosto especial à carne-assada, se esfregada nela antes de ir ao fogo. No cozido, pode substituir o louro.

Manjericão: fresco ou seco, pode ser usado para temperar peixes, carnes ou saladas, mas seu par perfeito é o tomate.

Páprica: feita das sementes moídas do pimentão, colore de vermelho e dá um gosto especial à comida. Varia do tipo doce ao picante.

Alecrim: fresco ou seco, pode entrar em quase todos os tipos de pratos, de sopas a legumes. Nas carnes e aves, esfregue-o antes de levar ao forno.

Orégano: Além de utilizado em pizzas, é excelente para molhos de tomate, saladas de peixe e para temperar frango e carne.

Cominho: De forte sabor, deve ser usado sem excessos. Em bolos de carne moída, batata cozida ao vapor, repolho e, para quem gosta, no feijão.

Tomilho: Muito perfumado, é indicado para pratos à base de queijo, carnes, legumes e maioneses.

Estragão: Picante e com sabor e aroma fortes, pode ser usado em peixes, carnes, molhos e em vinhas d'alho.

Manjerona: Perfumada e versátil, realça o sabor de suflês, ovos e omeletes, além de temperar aves e peixes.

Louro: Mais usado em forma de folhas secas ou frescas, serve para peixes, sopas, carnes, cozidos e feijão.

Coentro: De sabor e aroma fortes, é indicado para pratos com peixes e indispensável nas moquecas e na carne-de-sol.

Cozido

Rendimento: 20 porções

Ingredientes:

15kg de carne fresca (peito)

500g de paio

400g de lombo salgado

600g de costela salgada

300g de toucinho fumeiro

500g de carne-seca

500g de rabo de porco

500g de pé de porco

800g de chuchu

800g de cenoura

800g de repolho

600g de couve manteiga (retirar o talo do meio das folhas, enrolar juntas e amarrar)

500g de jilós

500g de quiabo (amarrar juntos depois de limpar)

600g de batata doce

4 bananas-da-terra

800g de abóbora

600g de milho em espiga

600g de vagem (limpar e amarrar as vagens)

400g de batata inglesa

200g de nabo

400g de aipim

3 colheres de sopa de salsa picada

400g de tomate

200g de cebola

200g de pimentão

40g de alho

2 colheres de sopa de molho inglês

3/4 de xícara de vinho tinto

1 colher de chá rasa de pimenta-do-reino em pó

½ xícara de óleo

10 ovos

1 xícara de farinha de mandioca (para o pirão)

Modo de fazer:

- Limpar e lavar bem as carnes.
- Colocar as carnes salgadas de molho de véspera, trocando a água pelo menos duas vezes. No dia seguinte, escaldar.
- Temperar a carne fresca (peito) com o alho, a pimenta-do-reino, o molho inglês e o vinho.
- Limpar os chuchus, as cenouras, as batatas doces, os nabos, as bananas-da-terra e as batatas inglesas e cortar ao meio.
- Limpar o repolho e cortar em dois, tirar a parte dura do meio e amarrar.
- Limpar o milho e o aipim e cortar em quatro.
- Limpar os jilós.
- Limpar a vagem, tirando os fios e amarrar num molho.
- Limpar os quiabos e amarrar em um ou dois molhos.
- Limpar e rasgar a couve manteiga.
- Limpar a abóbora e cortar em cubos largos.
- Aquecer o óleo e colocar o peito, virando de vez em quando para dourar.
- Juntar os temperos: cebolas, tomates, pimentão e salsa.
- Refogar e acrescentar a carne-seca.
- Colocar água para cozimento, em quantidade suficiente para depois acrescentar os outros ingredientes.
- Juntar as outras carnes e retirar à medida que forem ficando prontas.
- No caldo em que foram cozidas as carnes, colocar os vegetais e retirar conforme fiquem prontos.

Pirão:

- Separar 1 litro do caldo do cozido e levar ao fogo brando.
- Despejar, mexendo sem parar, a farinha de mandioca, até que a mistura tome consistência.

Farofa amarela

Rendimento: 6 porções

Ingredientes:

½ xícara de azeite de dendê

1 cebola grande

2 xícaras de farinha de mandioca crua

sal a gosto

Modo de fazer:

- Colocar o dendê em uma frigideira e levar a fogo alto para aquecer.
- Juntar a cebola cortada em rodelas bem fininhas e fritar, mexendo até dourar.
- Acrescentar a farinha aos poucos, mexendo sempre, até obter uma farofa não muito seca e uniforme.

Dica

"Para limpar o seu fogão, use uma mistura de água com bicarbonato de sódio."

Dicas para saladas

Para acentuar a cor da beterraba adicione à água de cozimento 1 a 2 colheres de sopa de vinagre. E para dar um gostinho especial, tempere a salada com suco de laranja.

Quando preparar salada de pepino, não retire a casca, pois nela estão as enzimas que facilitam sua digestão.

Para conservar as folhas de agrião verdinhas por mais tempo, mantenha-as na geladeira, embrulhadas em jornal. Antes de utilizá-las, lave-as muito bem.

Só coloque o tempero na salada quando for servir, porque o sal faz com que as folhas murchem.

Uma boa proporção de tempero para salada: 3 colheres de azeite para 1 de vinagre.

Se achar que seu tempero está com muito vinagre, coloque um pouco de açúcar dissolvido em leite.

Para que as folhas se conservem por mais tempo, lave e seque-as muito bem, de preferência em centrífuga manual, antes de guardá-las na geladeira.

Antes de temperar a salada de folhas, seque-as muito bem.

Você pode dar um gostinho especial à sua salada, esfregando um dente de alho na saladeira antes de colocar as verduras.

Se for usar apenas algumas gotas de limão, não precisa cortá-lo, basta fazer um furo com um palito, espremer o necessário e tapar com o palito.

Se a alface estiver um pouco murcha, coloque em água fria por 15 minutos e leve à geladeira.

Feijoada

Rendimento: 20 porções

Ingredientes:

2kg de feijão preto

1kg de carne-seca

200g de toucinho defumado

600g de orelha

1kg de carne fresca (peito)

800g de costela

800g de lombo

2 paios

800g de rabo de porco

600g de pé de porco

1kg de bucho

3 cebolas

10 dentes de alho

4 folhas de louro

pimenta-do-reino em pó a gosto

sal a gosto

½ xícara de óleo

Modo de fazer:

Na véspera:

- Limpar as carnes e escolher (catar) o feijão.
- Lavar as carnes salgadas e deixar de molho – inteiras ou cortadas em pedaços grandes.
- Trocar a água pelo menos duas vezes.
- Temperar a carne fresca (peito), com a pimenta-do-reino, 2 dentes de alho amassado e vinagre.

No dia seguinte:

- Escaldar levemente as carnes salgadas.
- Socar o alho restante e picar a cebola bem batidinha.
- Colocar numa panela o louro, o toucinho, o feijão e adicionar água para o cozimento.

- Quando levantar fervura, acrescentar as carnes e, se necessário, juntar mais água quente, suficiente para manter as carnes sempre cobertas.
- Baixar o fogo, tampar a panela e deixar cozinhando.
- À medida que as carnes forem ficando macias, retirá-las da panela e reservar.
- Cortar as carnes cozidas do tamanho desejado.
- Deixar o feijão no fogo baixo até ficar macio.
- Aquecer o óleo, juntar o alho e a cebola mexendo a frigideira, até ficarem dourados.
- Colocar neste refogado duas conchas de feijão e a pimenta em pó.
- Despejar a mistura no caldeirão, juntar as carnes reservadas novamente ao feijão e levar ao fogo brando para reduzir o caldo e aquecê-las.

Se preferir, aqueça apenas parte do caldo, para dispor sobre as carnes arrumadas separadamente.

Servir com arroz branco, couve à mineira, farofa, molho de pimenta e laranja.

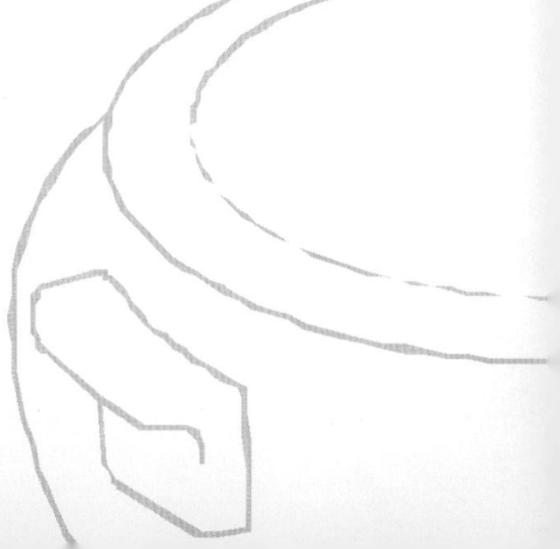

Frango com quiabo

Rendimento: 10 porções

Ingredientes:

2 ½ kg de frango

3 dentes de alho socados

½ colher de chá de cominho

1 folha picada de louro

sal a gosto

3 colheres de sopa de óleo

½ litro de água quente

300g de quiabo

1 cebola grande

2 tomates médios

2 pimentões verdes médios, sem sementes, picados

1 colher de sopa de suco de limão

1 colher de sopa de vinagre

pimenta-do-reino em pó a gosto

cominho a gosto

Modo de fazer:

- Limpar, cortar e temperar o frango com o alho, o cominho, o louro, a pimenta-do-reino, o sal e o limão.
- Cortar os tomates, a cebola e o pimentão em cubinhos bem pequenos.
- Lavar os quiabos, secá-los bem com um pano, retirar as pontas e cortá-los em rodelas de 2cm.
- Aquecer o óleo, juntar o frango e fritar, mexendo até dourar por igual.
- Acrescentar a cebola, os tomates e o pimentão, refogar e adicionar água quente para cozinhar o frango.
- Em outra panela, aquecer o óleo e fritar os quiabos, regar com o vinagre e mexer delicadamente por 10 minutos ou até os quiabos ficarem bem secos.
- Juntar os quiabos ao frango e cozinhar por mais 5 minutos.

Servir com arroz branco e angu.

Galinha de cabidela (ao molho pardo)

Rendimento: 8 porções

Ingredientes:

2kg de galinha, cortada em pedaços

2 tomates sem pele e sem sementes

1 cebola

1 pimentão

2 colheres de sopa de salsa

3 folhas de louro

1 colher de sopa de cebolinha

1 colher de sopa de cominho

1 colher de chá de pimenta-do-reino em pó

sangue de uma galinha

4 colheres de sopa de vinagre

4 dentes de alho

Modo de fazer:

- Retirar o sangue do pescoço da galinha, que deverá cair em recipiente já com o vinagre.
- Limpar, lavar e temperar a galinha com o alho, o limão, a pimenta em pó, o cominho, o louro picado e o sal, de véspera.
- Aquecer o óleo e fritar os pedaços de galinha até dourarem de todos os lados.
- Limpar os tomates, a cebola e o pimentão e cortar em cubinhos pequenos e picar a salsa e a cebolinha bem batidinha
- Acrescentar os temperos à galinha, refogar e acrescentar um pouco de água quente para o cozimento.
- Quando a galinha estiver macia, juntar o sangue e esperar que ferva.

Mocotó

Rendimento: 15 porções

Ingredientes:

4kg de mocotó

500g de paio

5 limões

1kg de cenoura

1kg de batata

2 cebolas

4 tomates

1 pimentão

1 colher de sopa de salsa

1 colher de sopa de cebolinha

150g de azeitonas

pimenta-do-reino em pó a gosto

cominho a gosto

Modo de fazer:

- Lavar o mocotó com água e o suco do limão.
- Cozinhar o mocotó, colocando na água de cozimento o louro, a pimenta em pó, o sal e o alho.
- Depois de cozinhar o mocotó, desossar.
- Escaldar o paio e cortar em rodelas.
- Preparar um refogado com o restante dos temperos (menos a salsa), juntar o mocotó, as batatas e as cenouras.
- Reservar um pouco da água do cozimento do mocotó.
- Quando os legumes estiverem cozidos, juntar as azeitonas e a salsa e apagar o fogo.

Eu, Jair do Cavaquinho, falar de Zicartola... pra mim, foi tudo de bom na nossa vida artística. Ia sempre acompanhado de Zé Kéti e então nos familiarizamos com Zica e Cartola.
E toda noite íamos lá comer o feijãozinho da Zica e cantar os nossos sambas.

Jair do Cavaquinho
Músico

Moqueca de peixe

Rendimento: 4 porções

Ingredientes:

1kg de peixe em posta (sugestão: badejo, namorado, corvina)

4 dentes de alho

1 colher de sopa de suco de limão

3 colheres de sopa de coentro

2 colheres de sopa de cebolinha

1 cebola grande

4 tomates sem pele

1 pimentão vermelho

1 pimentão verde

½ xícara de leite de coco

4 colheres de sopa de azeite de dendê

2 colheres de sopa de azeite de oliva

pimenta-do-reino em pó a gosto

sal a gosto

Modo de fazer:

- Lavar e temperar as postas de peixe com o alho, o limão, o sal e a pimenta-do-reino.
- Deixar descansar, no mínimo, 30 minutos.
- Cortar os temperos em cubinhos bem pequenos.
- Aquecer o azeite de oliva e nele dourar levemente a cebola.
- Acrescentar os tomates, o pimentão e o coentro e refogar.
- Colocar as postas de peixe na panela do refogado.
- Regar com o leite de coco, misturar. Sacudir a panela, tampar e deixar cozinhar até o peixe ficar macio.
- Adicionar o dendê.
- Enfeitar com rodelas de pimentões coloridos e folhas de coentro.

Servir com arroz branco e pirão (o pirão deverá ser feito com parte do caldo do cozimento do peixe).

Pirão

Rendimento: 4 porções

Ingredientes:

1 colher de sopa de azeite de oliva

1 cebola pequena picada

1 colher de sopa de coentro picado

1 xícara de farinha de mandioca

4 xícaras (1 litro) de água ou caldo da moqueca

Modo de fazer:

- Aquecer o azeite e dourar levemente a cebola.
- Acrescentar o coentro e misturar por 2 minutos, juntar a farinha dissolvida previamente na água ou no caldo da moqueca (frio).
- Levar ao forno brando e ir mexendo sempre até obter consistência cremosa e homogênea.

Dica

"Se quiser um gosto mais acentuado de alho na comida, em vez de espremer, pique o alho, e não deixe dourar demais."

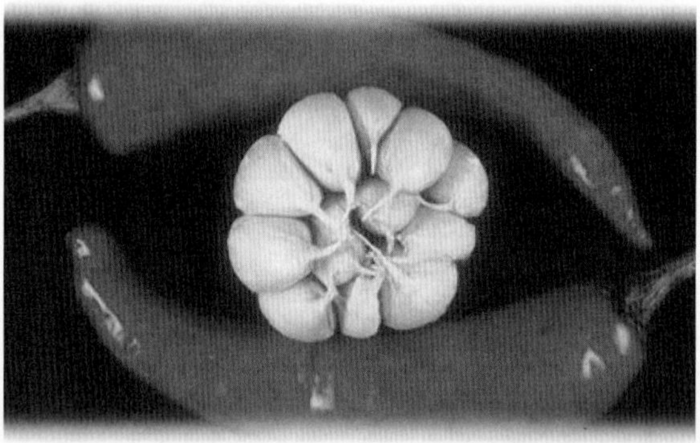

Rabada com batata e agrião

Rendimento: 20 porções

Ingredientes:

6kg de rabo bovino cortado em pedaços

6 dentes de alho

2 cebolas

1 pimentão

2 colheres de sopa de cebolinha

2 colheres de sopa de salsa

4 tomates

150g de azeitonas verdes

1kg de batata inglesa

4 molhos de agrião

1 colher de chá de pimenta-do-reino em pó

½ colher de chá de cominho

4 colheres de sopa de vinagre

3 folhas de louro

¾ de xícara de óleo

Modo de fazer:

- Lavar a rabada.
- Temperar com o alho, a pimenta em pó, o cominho, o louro, o sal e o vinagre na véspera ou por duas horas, no mínimo.
- Aquecer o óleo, juntar a rabada e fritar, virando sempre, até ficar dourada.
- Acrescentar as cebolas, o pimentão, a salsa, a cebolinha e os tomates e refogar.
- Colocar um pouco de água quente para cozimento e, se necessário, pingar aos poucos mais água quente, até a rabada ficar macia.
- Quando a rabada estiver quase pronta, colocar as azeitonas e as batatas cortadas em rodelas.
- Tampar a panela e deixar em fogo baixo até as batatas ficarem cozidas.
- Colocar por cima o agrião e apagar o fogo.

Servir com arroz e polenta.

Tripa à lombeira

Rendimento: 20 porções

Ingredientes

1 ½ kg de bucho

500g de costela

500g de lombo

1kg de batata inglesa

500g de cenoura

300g de lingüiça paio

100g de azeitonas

4 tomates

4 limões

2 colheres de chá de pimenta-do-reino em pó

½ kg de feijão branco

2 cebolas

4 dentes de alho

2 folhas de louro

Modo de fazer:

- Lavar a dobradinha com água e limão.
- Cozinhar a dobradinha na panela de pressão com água, pimenta-do-reino, sal e louro por uma hora ou até ficar macia.
- Cortar a dobradinha em tiras e reservar.
- Cozinhar o feijão à parte e reservar.
- Cortar e escaldar o lombo, o paio e a costela até retirar o sal.
- Aquecer o óleo, dourar as cebolas e o alho, juntar os tomates, os salgados e refogar.
- Acrescentar água e deixar ferver.
- Juntar a dobradinha, as cenouras cortadas em meia lua, as batatas em corte sauté, as azeitonas, a salsa e o feijão já cozido.
- Deixar em fogo brando até a cenoura e a batata ficarem macias.

Para uma cozinha limpa e cheirosa

Seu exaustor deve estar sempre limpo para que funcione bem. Tire o filtro e deixe de molho durante a noite em água quente com detergente.

Faça uma pasta com fubá e vinagre e esfregue nas suas panelas de alumínio. Elas vão ficar brilhando.

Parar tirar manchas do mármore, esfregue suco de limão e aplique por cima um pouco de sal. Deixe por 15 minutos e friccione levemente com uma esponja.

Todos os alimentos guardados na geladeira devem estar tampados. Isto evita mau cheiro e contaminação.

Quando for cozinhar ovos, coloque na panela algumas rodelas de limão, para que ela não escureça.

A borra do café tem várias utilidades: lavar e clarear o chão da cozinha; clarear e amaciar as suas mãos depois da faxina e também para clarear a bancada da pia depois de terminar o trabalho.

Para tirar as manchas escuras que aparecem nas travessas refratárias, esfregue o local com uma escovinha umedecida e bicarbonato de sódio e enxague com água.

Elimine o cheiro de comida de sua cozinha fervendo um punhado de cravos, por alguns minutos, numa panela destampada.

Para tirar as nódoas de frutas das lâminas das facas, esfregue-as com uma batata crua e depois dê um polimento.

Para deixar as pias de aço inoxidável como novas, passe um produto de limpar prata, deixe secar e dê polimento com uma flanela seca.

Vatapá

Rendimento: 10 porções

Ingredientes:

1kg de camarão seco

1kg de camarão fresco, limpo, sem casca e sem cabeça

½ kg de bacalhau

½ xícara de azeite de dendê

½ xícara de castanha de caju torrado e moído

½ xícara de amendoim torrado, sem casca e moído

pimenta-do-reino em pó a gosto

1 colher de cominho

250g de creme de arroz

2 tomates

1 cebola

1 pimentão vermelho

2 colheres de sopa de coentro

2 colheres de sopa de cheiro verde

6 dentes de alho

3 xícaras de leite de coco

Modo de fazer:

- Na véspera, deixar de molho, separados, o bacalhau e os camarões secos, para retirar o sal, trocando a água no mínimo duas vezes.
- No dia seguinte, limpar o bacalhau, retirando a pele e, dos camarões secos, as cascas.
- Escaldar separadamente o bacalhau e os camarões. Reservar a água do bacalhau escaldado.
- Retirar a espinha e desfiar bem miudinho o bacalhau e reservar.
- Moer os camarões secos e os camarões frescos e reservar, separadamente. Se preferir, moer também o bacalhau.
- Socar o alho e moer os temperos.
- Dourar o alho e a cebola no azeite de dendê.
- Juntar os tomates, o pimentão, o coentro, o cheiro verde, os camarões frescos, a pimenta em pó e o cominho e refogar.

- Juntar o bacalhau, os camarões secos e refogar por mais 15 minutos.
- Dissolver o creme de arroz em 3 xícaras da água reservada e juntar aos outros ingredientes.
- Cozinhar em fogo brando, mexendo sem parar, até obter uma consistência de pirão.
- Acrescentar o leite de coco, continuando a cozinhar, mexendo sempre.
- Juntar a castanha de caju e o amendoim e cozinhar por mais cinco minutos.

Acrescentar sal, se necessário.

Dica

"Algumas gotas de limão na água em que for cozinhar frutos do mar faz com que fiquem mais firmes e claros."

Xinxim de galinha

Rendimento: 6 porções

Ingredientes:

2kg de galinha

4 colheres de sopa de suco de limão

sal a gosto

9 dentes de alho

1 colher de chá de pimenta-do-reino em pó

1 colher de chá de cominho

2 folhas de louro

3 tomates

2 cebolas

2 colheres de sopa de cheiro verde

1 pimentão

70g de amendoim

70g de castanha de caju

½ litro de leite de coco

½ xícara de azeite de dendê

½ kg de camarão seco sem casca

½ kg de camarão fresco

2 colheres de sopa de gengibre fresco, ralado

6 colheres de sopa de óleo

Modo de fazer:

- Cortar a galinha em pedaços.
- Lavar a galinha com o limão e temperar com o sal, o alho, a pimenta-do-reino, o cominho e o louro. Deixar a galinha no tempero por, no mínimo, duas horas.
- Aquecer o óleo, juntar os pedaços de galinha virando de vez em quando, até ficarem dourados, e acrescentar água para o cozimento da galinha.
- Depois de cozida, retirar a galinha da água com uma escumadeira, desossar e desfiar. Reservar a água do cozimento.
- Moer o tomate, a cebola, o cheiro verde, o pimentão e os camarões.
- Dourar a cebola no azeite, juntar os temperos moídos, os camarões secos e refogar.
- Juntar o frango desfiado com um pouco da água do cozimento,

misturar, tampar a panela e deixar levantar fervura.

- Acrescentar o amendoim, a castanha de caju e o gengibre.
- Deixar apurar.
- Acrescentar o leite de coco e, por último, o restante do dendê.

Servir com arroz branco feito com leite de coco e farofa de dendê.

Dica

"Se você precisar descongelar o frango em cima da hora, coloque-o numa bacia com água e sal."

Receitas

Caseiras

D. Zica cozinhando em sua casa, Jacarepaguá.

Além de ser a maior e melhor casa de samba que o Brasil já teve em todos os tempos, com a sua música e sua comida maravilhosas, o Zicartola foi também uma espécie de segundo lar para muita gente. Eu, por exemplo, me sentia em casa no meio de tantas pessoas – Zica e Cartola, inclusive – que acabaram fazendo parte da minha família.

Sérgio Cabral
Jornalista

Aipim frito

Rendimento: 5 porções

Ingredientes:

1kg de aipim

2 ½ xícaras de óleo

sal a gosto

Modo de fazer:

- Descascar o aipim, cortar ao meio e retirar a fibra central.
- Cortar em pedaços e colocar em uma panela com água para cozinhar.
- Quando estiver macio, retirar do fogo e escorrer bem.
- Colocar o óleo numa panela e aquecer bem.
- Fritar os pedaços de aipim, aos poucos, até ficarem dourados, virando sempre que necessário.
- Retirar com uma escumadeira e deixar escorrer numa vasilha com papel absorvente.
- Colocar na travessa para servir e polvilhar sal a gosto.

Dica

"No óleo ainda frio, misture uma colher de vinagre para o aipim ficar mais crocante."

"Quando fizer uma fritura, coloque uma pitada de sal na frigideira, para que a gordura não espirre."

Almôndegas

Rendimento: 6 porções

Ingredientes:

1kg de carne moída (sugestão: chã, patinho)

6 tomates, dos quais 4 para o molho

1 cebola

1 pimentão

1 colher de chá de pimenta-do-reino

1 colher de chá de cominho

1 colher de sopa de salsa

1 colher de sopa de cebolinha

2 ovos

3 colheres de sopa de farinha de trigo

2 pães franceses adormecidos

1 xícara de leite

1 xícara de óleo

Modo de fazer:

- Limpar 2 tomates, a cebola e o pimentão e cortar em cubinhos bem pequenos.
- Limpar a salsa e a cebolinha e picar bem miudinho.
- Retirar o miolo do pão francês e umedecer no leite.
- Misturar todos os ingredientes, amassando bem.
- Fazer as bolinhas, achatando-as levemente.
- Aquecer o óleo e fritar as almôndegas dos dois lados.
- Reservar.
- Cozinhar os 4 tomates do molho à parte.
- Depois de cozidos, bater no liquidificador e passar na peneira.
- Despejar sobre as almôndegas e deixar ferver por mais 5 minutos.

Angu (guarnição)

Rendimento: 20 porções

Ingredientes:

500g de fubá

2 litros de água quente

sal a gosto

5 dentes de alho

2 colheres de sopa de óleo

Modo de fazer:

- Dissolver o fubá numa vasilha, com um pouco da água fria.
- Dourar o alho no óleo e juntar o fubá dissolvido.
- Levar ao fogo baixo, mexendo sem parar.
- Juntar metade da água quente e continuar mexendo.
- Verificar a consistência e, se necessário, acrescentar mais água quente.
- Quando o angu começar a se desprender do fundo da panela, tirar do fogo e imediatamente passar para a travessa de servir.

Dica

"Ganhe tempo e faça economia, preparando em casa o seu tempero: amasse vários dentes de alho, tempere com sal e óleo e guarde num pote tampado na geladeira".

Arroz de brócolis

Rendimento: 10 porções

Ingredientes:

1kg de arroz

2 maços de brócolis

6 colheres de sopa de azeite

2 cebolas grandes batidinhas

6 dentes de alho

1 limão

Modo de fazer:

- Limpar o brócolis, as cebolas e o alho.
- Lavar o arroz e escorrer.
- Lavar e cortar o brócolis em pedaços pequenos, descartando as partes mais duras do talo.
- Colocar água para ferver, acrescentar o brócolis e o sal e, quando estiver *al dente*, escorrer.
- Aquecer o azeite e dourar o alho e as cebolas.
- Acrescentar o arroz e refogar.
- Juntar o brócolis e cobrir com água fervente para o cozimento do arroz, mexendo de vez em quando.
- Durante o cozimento, pingar algumas gotas de limão.

Sirva acompanhando peixes e frutos do mar.

Dica

"Para o brócolis ficar verdinho depois de cozido, coloque uma pitada de açúcar na água em que irá cozinhá-lo."

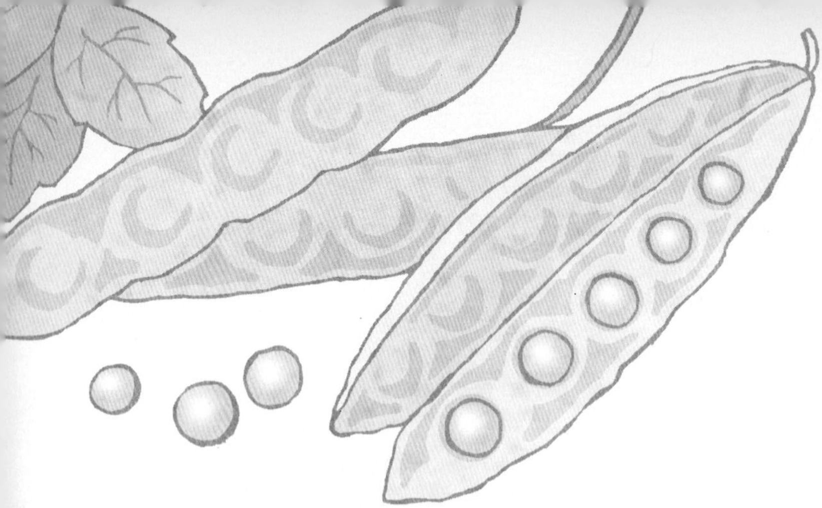

Bife de panela com ervilhas

Rendimento: 20 porções

Ingredientes:

4kg de carne bovina (chã)

1 pimentão

6 tomates médios

100g de ervilhas

2 cebolas médias

pimenta-do-reino a gosto

1 copo de vinho tinto

4 folhas de louro

8 dentes de alho

½ xícara de óleo

Modo de fazer:

- Limpar o pimentão, os tomates e as cebolas e cortar em cubinhos.
- Temperar a carne com alho, sal, pimenta-do-reino em pó e louro.
- Aquecer o óleo e dourar a cebola.
- Acrescentar os bifes e refogar.
- Juntar os tomates, o pimentão e um pouco de água para o cozimento.
- Quando estiver pronto, acrescentar o vinho e as ervilhas.

Dica

"Quando você for descongelar a carne, para que continue macia e saborosa, depois de retirá-la do freezer, deixe-a dentro da geladeira até que descongele por completo."

Zicartola – Templo sagrado que consagrou Clementina de Jesus e Paulinho da Viola. Ponto de encontro das mais expressivas figuras da cultura brasileira, fonte inspiradora de importantes espetáculos musicais de teatro, tais como Rosa de Ouro e Opinião. Preciso dizer alguma coisa?

Lígia Santos
Pesquisadora e Pedagoga

Bolo de batata

Rendimento: 6 porções

Ingredientes:

1kg de batata

4 ovos

1 xícara de leite

3 colheres de sopa de manteiga

1 colher de sopa de queijo parmesão

noz-moscada a gosto

1 gema de ovo

Modo de fazer:

- Descascar as batatas e cozinhar em água e sal.
- Depois de cozidas, escorrer e passar no espremedor.
- Misturar a manteiga, os ovos, a noz-moscada e o leite.
- Arrumar numa travessa uma camada do purê de batata, uma de recheio e assim por diante, terminando com uma camada de purê.
- Pincelar com a gema do ovo e queijo parmesão e levar ao forno para dourar.

Recheio:

O recheio pode ser de carne moída, frango desfiado ou camarão, refogados, com molho de tomate, sem muita água.

Dica

"Aproveite aquelas batatas guardadas por muito tempo e que ficam com as cascas murchas, misturando um pouco de vinagre na água em que elas serão cozidas."

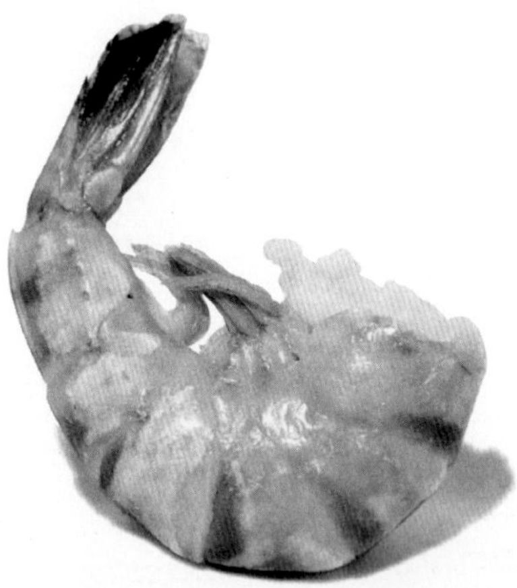

Camarão ensopado com chuchu

Rendimento: 6 porções

Ingredientes:

1kg de camarão descascado e limpo

2 colheres de sopa de suco de limão

sal a gosto

pimenta-do-reino em pó

1 colher de sopa de salsa

1 colher de sopa de coentro

4 colheres de sopa de azeite

1 cebola média

6 dentes de alho

3 tomates grandes

2 chuchus

Modo de fazer:

- Lavar e escorrer os camarões.
- Temperar os camarões com o suco do limão, o sal, a pimenta-do-reino e o coentro.
- Lavar os temperos e picar a salsa e o coentro; picar a cebola bem batidinha; socar o alho; retirar a pele e as sementes do tomate e cortar em cubinhos.
- Descascar o chuchu e cortar em cubos maiores de 1cm.
- Aquecer o azeite e dourar a cebola e o alho levemente.
- Juntar os camarões e os tomates.
- Refogar rapidamente, para os camarões não ficarem duros.
- Juntar os chuchus e deixar em fogo brando.
- Tampar a panela e deixar cozinhar.
- Quando os chuchus estiverem macios, polvilhar com a salsa e apagar o fogo.

Carne-assada recheada com cenoura

Rendimento: 20 porções

Ingredientes:

3 ½ kg de lagarto

400g de cenoura

pimenta-do-reino em pó a gosto

2 folhas de louro

4 dentes de alho

400g de cebola

800g de tomate

100g de pimentão

100ml de vinho tinto

1 colher de chá de tomilho

Modo de fazer:

- Limpar as cenouras, retirando a casca, raspando.
- Furar o meio da carne e colocar a cenoura inteira.
- Temperar a carne, na véspera ou, pelo menos, 3 horas antes, com o alho, a pimenta-do-reino, o louro, o tomilho e o vinho.
- Cortar os temperos em cubinhos bem pequenos.
- Aquecer o óleo, colocar a carne e ir virando-a até ficar dourada por igual.
- Acrescentar os temperos: cebolas, tomates e pimentão picados e adicionar um pouco de água para cozimento.
- Virar e ir pingando água até a carne ficar bem macia.

Enroladinho de peixe à baiana

Rendimento: 10 porções

Ingredientes:

1 ½ kg de filé de peixe

1 garrafa de 200ml de leite de coco

3 colheres de sopa de queijo parmesão ralado

1 copo grande de leite

3 colheres de farinha de trigo

½ xícara de creme de leite

1 colher de chá de azeite de dendê

1 colher de sopa de coentro

1 limão

pimenta-do-reino em pó a gosto

1 colher de sopa de salsa

1 cebola pequena

3 dentes de alho

3 colheres de sopa de azeite

sal a gosto.

Modo de fazer:

- Lavar e temperar o peixe com o coentro, o limão, a pimenta-do-reino e o sal.
- Dourar o alho socado e a cebola batidinha no azeite.
- Acrescentar a salsa picada e reservar.
- Fazer rolinhos com o peixe e arrumar num tabuleiro.
- Regar com o refogado, cobrir com papel alumínio e levar ao forno para cozinhar o peixe.
- Fazer um molho branco e acrescentar o creme de leite e o azeite de dendê.
- Regar o peixe com o molho e polvilhar queijo parmesão.
- Levar novamente ao forno para gratinar.

Feijão tropeiro

Rendimento: 6 porções

Ingredientes:

250g de toucinho fresco, cortado em cubos

3 dentes de alho socados

sal a gosto

1 cebola média, cortada em cubinhos

1 colher de sopa de salsa picada

1 colher de sopa de cebolinha verde picada

1 xícara de feijão mulatinho ou feijão fradinho

1 maço de couve, cortada em tiras finas

1 ½ kg de farinha de mandioca

Modo de fazer:

- Cozinhar o feijão e escorrer.
- Colocar o toucinho numa panela e levar ao fogo médio para fritar até ficar ligeiramente dourado.
- Retirar os torresmos e reservar.
- Na panela com a gordura do toucinho, colocar todos os temperos e refogar.
- Juntar o feijão e misturar, mexendo sempre, em fogo brando.
- Acrescentar a couve.
- Juntar a farinha de mandioca aos poucos, mexendo.
- Apagar o fogo e acrescentar os torresmos.

Frango à moda húngara

Rendimento: 8 porções

Ingredientes:

2 ½ kg de frango

3 cebolas

sal a gosto

2 colheres de sopa de manteiga

4 pimentões vermelhos

1 lata de creme de leite

1 colher de chá de páprica

3 xícaras de água

Modo de fazer:

- Lavar o frango e cortar em 8 pedaços.
- Temperar o frango com uma cebola ralada e sal.
- Reservar.
- Ralar as outras duas cebolas e cortar os pimentões em tiras.
- Dourar as cebolas na manteiga, juntar a páprica e por último os pimentões vermelhos.
- Acrescentar o frango e refogar.
- Adicionar a água e deixar cozinhar em fogo brando.
- Quando o frango estiver cozido, retirar do fogo, desossar e desfiar.
- Coar o molho, juntar o frango desfiado e levar ao fogo novamente, até levantar fervura.
- Retirar do fogo, juntar o creme de leite e misturar.
- Colocar na travessa e levar à mesa.

Servir com arroz e batata sauté.

Alguns segredinhos

Para engrossar o molho de tomate, é melhor usar maisena que farinha de trigo.

Para os ovos fritos não grudarem, aqueça bem a frigideira antes de colocar a manteiga.

Cascas de batata batidas no liquidificador são um adubo bom e barato para suas plantas.

Seus bifes ficarão mais dourados se você colocar uma pitadinha de açúcar na frigideira.

Sempre que for acrescentar maisena a algum alimento que estiver preparando, dissolva-a antes em leite ou num pouco do caldo, retirado da panela.

Quando for gratinar algum alimento, acrescente um pouco de farinha de rosca ao queijo ralado.

Se quiser saber a capacidade de uma forma, encha-a com água e meça a quantidade utilizada.

Se o feijão ficar muito salgado, coloque uma batata, descascada, na panela.

Fica mais fácil limpar o moedor de carne se você, antes, moer nele um pedaço de pão.

Para que o arroz solte bem do fundo da panela, quando estiver pronto, coloque-a sobre um pano molhado em água fria.

Se o molho branco empelotar, retire-o do fogo e bata no liquidificador. Depois, leve-o novamente ao fogo brando, mexendo sempre, para apurar.

Frigideira de bacalhau e camarão

Rendimento: 6 porções

Ingredientes:

½ kg de bacalhau

2 colheres de sopa de azeite

1 cebola ralada

½ pimentão vermelho

½ pimentão verde

1 colher de sopa de salsa

1 colher de sopa de coentro

1 xícara de leite de coco

sal a gosto

pimenta-do-reino em pó a gosto

6 ovos

50g de azeitonas verdes em rodelas

300g de batatas inglesas cortadas em cubos ou chuchu ralado

400g de camarão seco

400g de camarão fresco e limpo

pimentão, tomates, cebola e azeitonas verdes, cortados em anéis, para decorar.

Modo de fazer:

- Na véspera, colocar de molho o bacalhau e os camarões secos, separadamente, trocando a água 3 a 4 vezes, até eliminar o sal.
- No dia seguinte, escaldar o bacalhau e também os camarões secos.
- Retirar as peles e as espinhas do bacalhau e as cascas dos camarões.
- Desfiar o bacalhau e reservar.
- Aquecer o azeite, dourar o alho e a cebola, juntar o pimentão, o tomate e a salsa e refogar.
- Acrescentar o bacalhau, os camarões secos, os camarões frescos, as batatas inglesas e os outros temperos.
- Refogar, adicionando pouca água para cozimento (aproximadamente 10 minutos).

- Adicionar o leite de coco e deixar cozinhar mais um pouco.
- Bater as claras em neve e juntar as gemas, até a mistura ficar homogênea.
- Despejar num tabuleiro, ou refratário, metade dos ovos batidos.
- Dispor sobre eles o refogado do bacalhau.
- Acrescentar o restante dos ovos batidos, formando uma camada uniforme.
- Levar ao forno pré-aquecido por três minutos.
- Tirar do forno e decorar com rodelas dos pimentões coloridos, cebola e azeitonas.
- Levar novamente ao forno e assar até dourar.

Dica

"Sempre que for deixar um alimento de molho em água, de véspera, guarde-o na geladeira."

Nas melhores lembranças de minha vida estão os jantares com música no Zicartola, eu, que abria os olhos para a grandeza da obra e do próprio Cartola, como ser humano. Até hoje me enterneço ao me lembrar da fidalguia com que ele me recebia para jantar.
Quanto às sessões musicais, meu Deus, nem é bom lembrar. Porque o perigo de me rolarem lágrimas nos olhos aumenta a cada recordação.
Numa palavra: O Zicartola com Cartola e Zica lá dentro, a fina música que era ali destilada, a percepção de que tudo aquilo era eterno, não tem até hoje paralelos na minha vida.

Ricardo Cravo Albim
Pesquisador, escritor e
Presidente do Instituto Cravo Albim

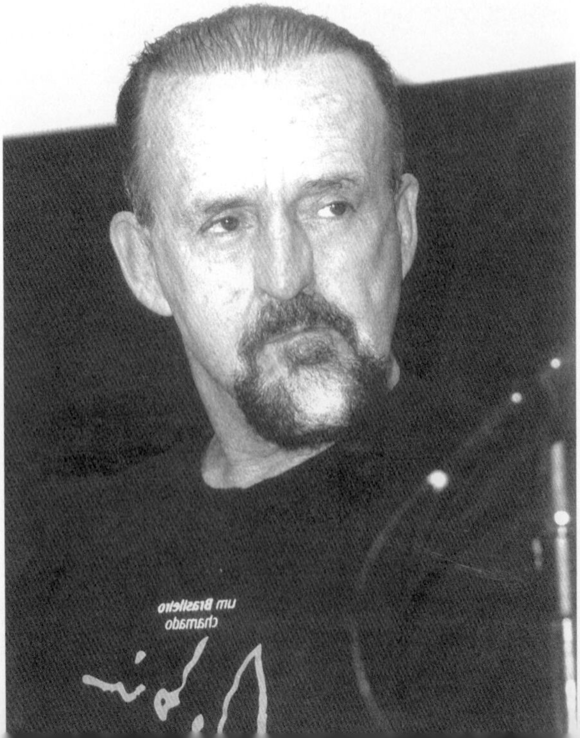

Língua ao molho madeira

Rendimento: 20 porções

Ingredientes:

2 ½ kg de língua

4 tomates cortados em cubinhos bem pequenos

1 cebola cortada em cubinhos bem pequenos

1 pimentão cortado em cubinhos bem pequenos

1 colher de sopa de cheiro verde batidinho

4 dentes de alho socados

150g de azeitona picada

3 limões

pimenta-do-reino em pó a gosto

½ colher de chá de cominho

2 folhas de louro

sal a gosto

½ xícara de vinho madeira

Modo de fazer:

- Lavar bem a língua em água e limão.
- Cozinhá-la com o louro, o sal, a pimenta-do-reino e o cominho. Reservar a água do cozimento.
- Depois de cozida, retirar a pele da língua e cortar em rodelas.
- Dourar em óleo a cebola, acrescentar o alho, os tomates, o pimentão e o cheiro verde e refogar.
- Acrescentar as azeitonas e juntar a língua com um pouco da água reservada do cozimento até obter um molho.
- Deixar em fogo brando até a língua ficar bem macia e o molho apurado.
- Por último, acrescentar o vinho madeira.

Macarrão à matriciana

Rendimento: 10 porções

Ingredientes:

500g de macarrão tipo espaguete

100g de toucinho fumeiro

1 pimentão

1 cebola

2 tomates

orégano a gosto

sal a gosto

1 colher de sopa de óleo

Modo de fazer:

- Cozinhar o macarrão em água, sal e o óleo.
- Escorrer e reservar.
- Cortar o toucinho, o pimentão e a cebola em tiras.
- Retirar a pele e sementes dos tomates e cortar em cubos.
- Levar ao fogo o toucinho, fritar levemente, juntar o pimentão e os tomates, não deixando que fiquem amolecidos.
- Acrescentar o orégano.
- Colocar o macarrão na travessa e despejar o molho.

Dica

"Nunca quebre o espaguete ou talharim quando for colocá-lo na panela e não se esqueça de salgar a água antes de colocar a massa.

Utilize um litro de água para cada 100 gramas de massa".

Purê de batatas

Rendimento: 20 porções

Ingredientes:

3kg de batata inglesa

100g de margarina

½ litro de leite

sal a gosto

noz-moscada a gosto

Modo de fazer:

- Descascar e cozinhar as batatas em água e sal.
- Escorrer e passar no espremedor ainda quentes.
- Numa panela, em fogo brando, colocar as batatas, a margarina e a noz-moscada e ir adicionando o leite aos poucos, até obter a consistência desejada.

Dica

"Se você quiser guardar batatas já descascadas, por até dois dias,ponha-as numa vasilha com água e uma colher de chá de vinagre.

E adicione óleo à água em que for cozinhar batatas descascadas, para que não grudem ou desmanchem "

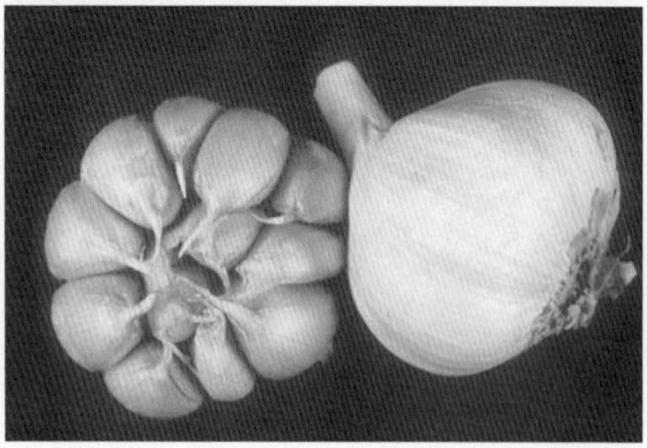

Quibebe

Rendimento: 8 porções

Ingredientes:

2kg de abóbora

4 colheres de sopa de manteiga

6 dentes de alho

½ cebola pequena

1 tablete de carne

2 colheres de sopa de manjericão

pimenta-do-reino em pó a gosto

sal a gosto

1 pitada de açúcar

Modo de fazer:

- Limpar e cortar a abóbora em cubos.
- Limpar a cebola e picar batidinha.
- Socar o alho.
- Dourar a cebola e o alho na manteiga.
- Juntar a abóbora, o caldo de carne, o sal e um pouco de água para cozimento.
- Quando a abóbora estiver bem cozida, amassar, adicionar o açúcar e a pimenta em pó, mexer e levar ao fogo novamente até engrossar.
- Por último, acrescentar o manjericão fresco.

Dica

"Forre com papel toalha a gaveta da geladeira em que você guarda os legumes. Ele vai absorver a umidade e manter os seus legumes bem fresquinhos."

O Zicartola foi um movimento importantíssimo para a música, era a Zica na cozinha e o Cartola recebendo seus amigos.
No momento da ditadura o Zicartola estava sendo um reduto de resistência da música brasileira.

Beth Carvalho
Cantora

Rosbife

Rendimento: 12 porções

Ingredientes:

2kg de carne bovina (contra-filé, filé mignon)

1 colher de chá de pimenta em pó

sal a gosto

2 folhas de louro

1 xícara de vinho tinto

4 colheres de sopa de óleo

alecrim a gosto

4 dentes de alho

Modo de fazer:

- Limpar a carne e temperar com todos os ingredientes, com 3 horas de antecedência, no mínimo.
- Colocar o óleo na panela, levar ao fogo e aquecer bem.
- Adicionar a carne ao óleo quente, virando-a constantemente, até chegar ao ponto desejado (mais ou menos 40 minutos).
- Cortar em fatias bem fininhas.

Servir acompanhado de batatas coradas ou cozidas salpicadas com salsinha e arroz branco.

Dica

"Se a sua panela de alumínio ficar preta por dentro, cozinhe nela alguns tomates."

Suflê de chuchu

Rendimento: 5 porções

Ingredientes:

1kg de chuchu

3 ovos

2 colheres de sopa de manteiga

3 colheres de sopa de maisena

1 colher de sopa de queijo ralado

Modo de fazer:

- Cozinhar os chuchus, escorrer e amassar enquanto estiverem quentes.
- Juntar os outros ingredientes e levar ao forno.

Dica

"Para o suflê crescer, polvilhe as laterais do pirex com farinha de trigo, antes de despejar a massa.

E para ele não murchar depois de pronto, deixe a porta do forno entreaberta, usando um palito."

Strogonoff de carne

Rendimento: 20 porções

Ingredientes:

3 ½ kg de carne bovina (filé mignon ou contra-filé)

1 cebola

3 colheres de sopa de farinha de trigo

4 colheres de sopa de *ketchup*

pimenta-do-reino em pó a gosto

3 dentes de alho

2 colheres de sopa de molho inglês

100 g de manteiga

4 latas de 250 g de creme de leite

3 colheres de sopa de vinho branco

1 colher de sopa de mostarda

champignon a gosto

Modo de fazer:

- Cortar a carne em tiras e temperar com o sal, a pimenta-do-reino e o molho inglês.
- Polvilhar com farinha de trigo.
- Dourar a cebola batidinha na manteiga, juntar a carne e refogar.
- Adicionar o vinho, o *ketchup* e deixar em fogo brando até a carne ficar macia. Se necessário, pingar um pouco de água para cozimento.
- Por último, adicionar o *champignon* e o creme de leite e apagar o fogo.

Servir com arroz branco e batatas coradas ou sauté.

O Zicartola, resultado da tríplice aliança da energia da força de trabalho da Zica, a generosidade de Eugênio Agostini e, sobretudo, do poder da arte de Cartola e seus liderados em música e brasilidade, constituiu-se na fórmula mágica com que o povo transpôs uma época. O instante, vê-se agora, somado ao Teatro Opinião, foi a semana-de-arte-moderna de nossa música popular.

José Carlos Rego
Jornalista

Tutu de feijão

Rendimento: 6 porções

Ingredientes:

2 xícaras de feijão preto

3 colheres de sopa de óleo

1 cebola picada

4 dentes de alho socados

1 xícara de farinha de mandioca

3 colheres de sopa de salsa picada

3 colheres de sopa de cebolinha picada

sal a gosto

pimenta-do-reino em pó a gosto

1 ½ kg de lingüiça de porco fresca

5 ovos

1 colher de sopa de vinagre

2 folhas de louro

Modo de fazer:

- Escolher e lavar o feijão.
- Deixar de molho por, no mínimo, 4 horas.
- Cozinhar o feijão com água e o louro.
- Quando o feijão estiver cozido, tirá-lo do fogo e bater no liquidificador (deverá ficar com a consistência de purê). Reservar.
- Escaldar a lingüiça, fritar na própria gordura e cortar em rodelas. Reservar.
- Cozinhar os ovos e cortar em rodelas.
- Dourar a cebola e o alho no óleo, mexendo para não queimar, e juntar o feijão.
- Em fogo brando, acrescentar a farinha de mandioca, despejando devagar, mexendo sempre para não empelotar e cozinhar até obter um pirão mole.
- Acrescentar a salsa e a cebolinha, o sal e a pimenta-do-reino.
- Dourar algumas rodelas de cebola em óleo (colocar um pouco de vinagre).
- Em uma travessa, colocar o tutu e dispor sobre ele a lingüiça, as rodelas de ovo e o refogado de cebola.

Servir acompanhado de couve e torresmo.

para você
outras receitas
com carinho
da Zica

Receitas

de Doces

Arroz doce

Rendimento: 10 porções

Ingredientes:

1 xícara de arroz agulhinha

1 xícara de leite

1 garrafa de 200ml de leite de coco

4 cravos

1 canela em pau

baunilha a gosto

¼ de um limão

canela em pó a gosto

Modo de fazer:

- Ralar a casca do limão e reservar.
- Cozinhar o arroz em água com a canela em pau, o cravo e a casca de limão, até ficar macio. Colocar a água aos poucos.
- Acrescentar o leite de coco e o leite e deixar no fogo até secar.
- Antes de secar totalmente, acrescentar a baunilha, em consistência de mingau.
- Colocar numa travessa e polvilhar com a canela em pó.
- Deixar esfriar e levar à geladeira.

Dica

"Em geral os limões são tratados com agrotóxicos. Quando utilizá-los, principalmete as cascas, não deixe de lavar bem com uma escova, em água corrente."

Mesmo estando na Europa na época do Zicartola, por conta de um auto-exílio, posso afirmar que, enquanto durou, foi um espaço importante que abriu oportunidade para lançar grandes nomes de nossa música popular, com Paulinho da Viola entre tantos outros, e também posso afirmar que Zica foi a força deste espaço, pois era o exemplo vivo da velha máxima: 'por trás de um grande homem, existe uma grande mulher', e ela foi .

Lan
Cartunista

Bolo de aipim

Rendimento: 10 porções

Ingredientes:

1 kg de aipim

2 xícaras de açúcar

2 xícaras de coco ralado fresco

1 colher de sopa de maisena

3 colheres de sopa de manteiga

4 ovos

1 colher de chá de fermento

2 xícaras de leite

1 pitada de sal

baunilha a gosto

Modo de fazer:

- Ralar o aipim e espremer no pano de prato. Desprezar o caldo.
- Juntar todos os ingredientes na batedeira e bater até obter uma mistura homogênea, por 10 minutos aproximadamente.
- Pingar gotas de baunilha e misturar.
- Untar a forma com manteiga, polvilhar açúcar e despejar nela a mistura.
- Levar ao forno pré-aquecido, até que fique dourado.

Obs.: Se usar coco seco ralado, hidratar com 1 xícara de leite de coco.

Dica

"Para evitar as formiguinhas no açucareiro, ponha casquinhas de limão.

Para espantá-las da cozinha, coloque pó de café nos lugares em que costumam passar."

Bolo de banana

Rendimento: 8 porções

Ingredientes:

1 xícara de óleo

3 bananas d'água bem maduras

3 ovos

2 xícaras de farinha de rosca

2 xícaras de açúcar

1 colher de sopa de fermento

Modo de fazer:

- Bater o óleo, a banana e os ovos no liquidificador.
- Peneirar a farinha de rosca e o açúcar.
- Juntar todos os ingredientes e mexer até a mistura ficar homogênea.
- Untar uma forma, polvilhar com açúcar e canela, retirando o excesso.
- Levar ao forno pré-aquecido.

Dica

"Quando preparar massas doces, faça movimentos leves para misturar os ingredientes e elas ficarão mais macias ."

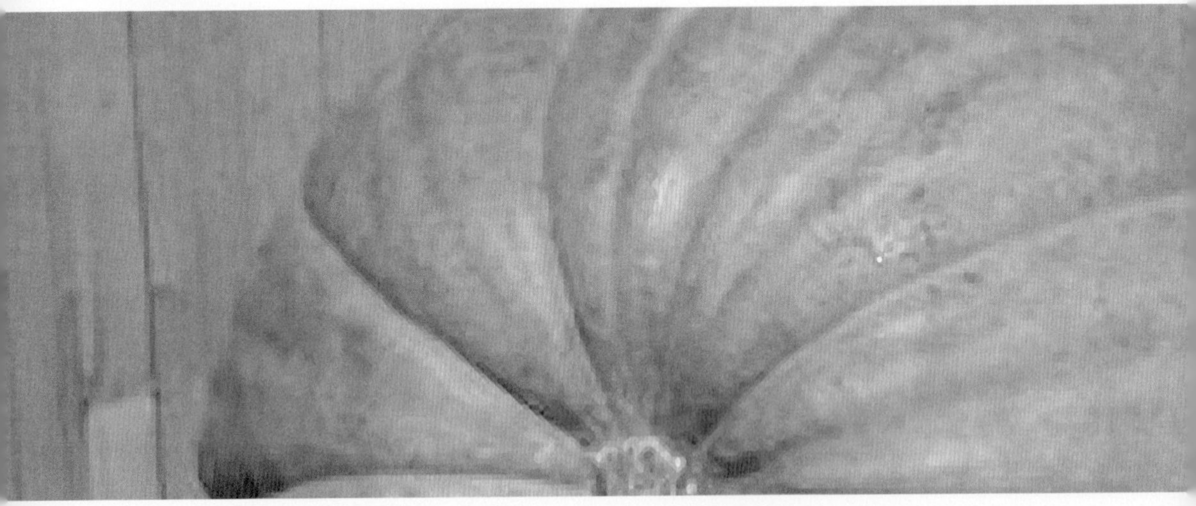

Doce de abóbora

Rendimento: 12 porções

Ingredientes:

2 kg de abóbora madura

1 kg de açúcar

2 xícaras de água

3 canelas em pau

6 cravos

1 coco ralado

baunilha a gosto

Modo de fazer:

- Descascar a abóbora, retirar as sementes e fibras e cortar em cubinhos.
- Colocar a abóbora numa panela, tampar e cozinhar sem água em fogo baixo, até ficar macia.
- Acrescentar o açúcar, a canela e o cravo, mexendo sempre, até soltar do fundo da panela.
- Adicionar o coco ralado, mexendo sempre até ferver.
- Pingar a baunilha, mexer e retirar do fogo.

Obs.: Se a abóbora não soltar água enquanto cozinha, acrescentar uma xícara de água.

Dica

"Se o açúcar ficar empedrado, basta colocar pedaços de pão de forma no açucareiro para ele ficar soltinho novamente."

Manjar branco

Rendimento: 10 porções

Ingredientes:

1 xícara de açúcar

6 colheres de sopa de maisena

6 xícaras de leite

2 xícaras de coco fresco ralado fino

2 colheres de chá de essência de baunilha

Calda:

250g de ameixas pretas sem caroço

2 xícaras de água

½ xícara de açúcar

1 canela em pau

Modo de fazer:

- Colocar numa panela o açúcar e a maisena e misturar bem.
- Juntar aos poucos o leite, mexendo sempre.
- Acrescentar o coco e mexer até a mistura ficar homogênea.
- Levar ao fogo brando, mexendo sempre, até a mistura engrossar.
- Acrescentar a baunilha, mexer, tirar do fogo e colocar numa fôrma com buraco no meio, umedecida com água.
- Deixar esfriar, cobrir com filme plástico e reservar na geladeira.

Calda:

- Colocar as ameixas de molho na água por cerca de 1 hora, ou até ficarem macias.
- Juntar o açúcar e a canela em pau, misturar e levar ao fogo brando, mexendo de vez em quando, até a calda engrossar.
- Retirar do fogo e deixar esfriar.
- Verificar se o manjar está gelado e durinho, desenformar cuidadosamente e regar com a calda de ameixa.

Graças ao requinte do universo, as coisas boas da vida não se perdem e ficam na memória; digo isso porque já está na segunda edição o livro de quitutes da saudosa tia Zica, para satisfazer o nosso paladar.

Nelson Sargento
Cantor, compositor e parceiro de Cartola

Pudim de leite

Rendimento: 8 porções

Ingredientes:

1 lata de leite condensado

4 ovos

1 copo (250ml) de leite

1 ½ xícara de açúcar (calda)

baunilha a gosto

Modo de fazer:

- Juntar todos os ingredientes e bater no liquidificador.
- Colocar uma xícara de açúcar numa forma de furo no meio, e levar ao fogo brando.
- Virar a forma sobre a chama do fogão, até obter uma calda.
- Espalhar de forma homogênea.
- Despejar a mistura na forma e levar ao forno pré-aquecido, morno, em banho-maria.
- Quando o pudim estiver durinho, retirar do forno.
- Deixar esfriar e levar à geladeira por pelo menos 1 hora.

Desenforma na hora de servir.

Dica

"Para saber se um ovo está estragado, coloque-o numa vasilha com água e sal. Se ele flutuar, jogue fora."

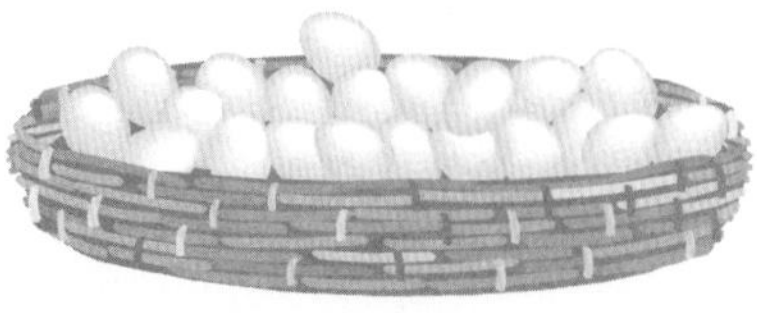

Pudim de pão

Rendimento: 8 porções

Ingredientes:

5 pães franceses

4 ovos

2 xícaras de leite

1 colher de sopa cheia de manteiga

4 colheres de sopa de açúcar

1 xícara de açúcar em calda

1 canela em pau

3 cravos

baunilha a gosto

Modo de fazer:

- Ferver o leite com a canela e o cravo e deixar esfriar.
- Retirar a casca do pão e umedecer no leite até obter uma papa.
- Passar na peneira.
- Juntar todos os ingredientes e bater no liquidificador.
- Colocar uma xícara de açúcar numa forma de furo no meio, e levar ao fogo brando.
- Virar a forma sobre a chama do fogão, até obter uma calda.
- Espalhar de forma homogênea.
- Despejar a mistura na forma e levar ao forno pré-aquecido (morno), em banho-maria.
- Quando o pudim estiver pronto, retirá-lo do forno. Deixar esfriar e levar à geladeira.

Desenformar na hora de servir.

Dica

"Quando for ferver o leite, coloque uma colher dentro da leiteira, para evitar que ele derrame."

Tem receita melhor? Quitutes pra degustar, ouvir o MELHOR de nossa RICA MÚSICA, e a companhia de PESSOAS. Todas amantes da Cultura Brasileira. O tempero de Zica com o som de Cartola e amigos que cantavam, tocavam, se encontravam, só podia ter um endereço: ZICARTOLA.
Valeu, Dona Zica. Valeu, Cartola. Aplausos. Saudade...

Bete Mendes
Atriz

D. Zica com D. Neuma, Chico Buarque e Tom Jobim; Vó Maria; Júnior; Beth Carvalho e Guilherme de Brito; Leci Brandão; Milton Nascimento; no Palácio do Planalto, com o presidente Fernando Henrique Cardoso; Ney Matogrosso; Zeca Pagodinho; e Camila Pitanga.

Zica
Subiu do fundo das águas o
mistério de poço e água.

Ê Oxum! senhora do espelho...
O riso da senhora acende o sol.

Subiu do fundo das águas
Oxum em ouro e cobre...
e viu o verde da folha e viu a flor
que a luz da iabá tingiu de rosa.

Ê! Dona Oxum
se enfeitou com o verde da folha,
com o rosa da flor...

Oxum pastora e proletária
Oxum lavadeira e passadeira e cozinheira...
Mas que tempero!

Oxum menina de brinco
Oxum senhora de óculos
Ê, mãe do mundo.

Iáiá do riso alegre e cordão dourado
e cabelo arrumado e da roupa bonita
a do corpo de dança ouro e cobre nascida
a que surgiu do poço e da água...
Ê, Oxum, senhora do espelho...
Iaiá, iêieu!

Lena Frias

com carinho
da Zica da
Mangueira

Para saber mais sobre nossos títulos e autores,
visite nosso site:
www.mauad.com.br

Este livro, da MAUAD Editora,
impresso em papel starmax 90g e *couché* 170g,
na gráfica Sermograf.